# 쉬운 마법 리코더 교실

이효원 편저

일신서적출판사

# 목 차

첫 번째,
리코더
이야기

# 리코더의 탄생

최초의 리코더는 사슴의 뼈로 만들었고 점차 발달하여 바로크 시기에 이르러 현재 사용하는 8개의 구멍으로 된 리코더가 완성되었습니다. 리코더가 성행했던 때는 르네상스(1450~1600)와 바로크 시기인데 Corelli, Vivaldi, Telemann, Purcell, Handel, Bach 등 대가들에 의해 독주 악기로 각광을 받으며 고도의 기교와 예술성이 요구되는 소나타, 협주곡 등이 작곡되어 전해져 오고 있습니다.

그러나 고전파 시기의 시작으로 쳄발로가 피아노의 출현으로 잊혀졌듯이 리코더 또한 시대에 적응해 가는 플루트에 그 자리를 넘겨 주었고, 19세기 말까지 박물관에서 잠자던 리코더는 영국의 Dolmetsch 등의 노력으로 다시 태어나게 되었습니다.

# 종류와 음역

리코더의 연주 형태는 소프라노, 알토, 테너, 베이스를 중심으로 한 4중주와 소프라니노, 그레이트베이스를 첨가한 6중주가 있으며 요즘에는 클라이네 소프라니노와 콘트라베이스 악기를 사용한 대편성의 합주도 있습니다.

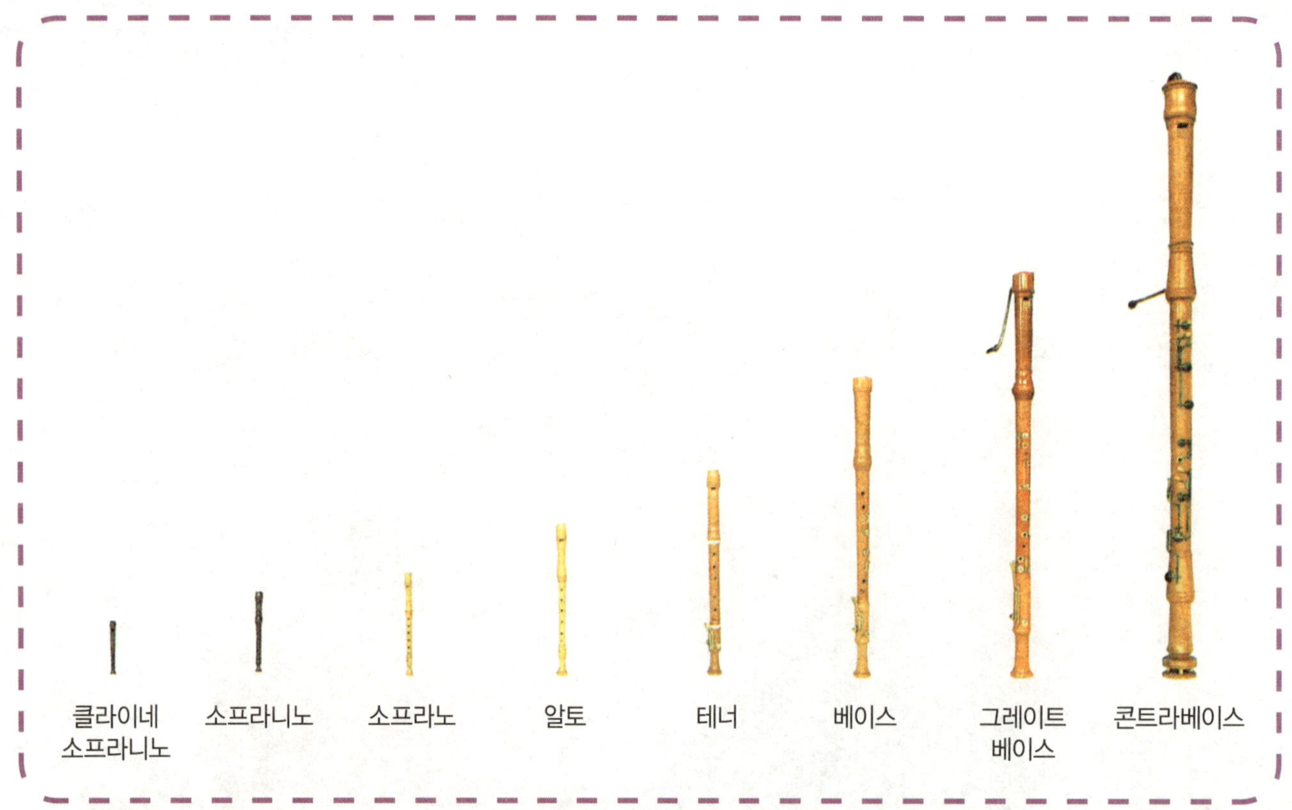

## 🌲소프라노(데스칸트) 리코더

소프라노 리코더(알토 리코더보다 5도 높은 C관)는 교육용으로 가장 많이 쓰이는 악기입니다. 독주곡의 20%정도가 소프라노 리코더를 위한 곡이며 리코더 앙상블에 있어서 상성부에 위치하여 곡을 리드하는 역할을 합니다.

## 🌲 알토(트레블) 리코더

바로크 시대에 가장 많이 연주되었던 악기로서 부드러운 음색을 가지고 있으며 감정 표현을 나타내기에 적합합니다. 특히 독주곡의 80% 이상이 알토 리코더를 위한 곡입니다. 소나타와 실내악에 대한 깊이 있는 연주를 원한다면 알토 리코더를 익히는 것이 바람직합니다.

## 🌲 테너 리코더

C관인 테너 리코더는 알토 리코더보다 완전 4도 낮은 음역을 가지고 있습니다. 손가락 구멍간의 간격이 넓어서 대개 아랫관 연결부의 구멍에 키(Key)를 붙여 새끼손가락이 닿기 쉽도록 되어 있으며 아름다운 음색을 지니고 있으며 합주에 많이 쓰입니다.

## 🌲베이스 리코더

앙상블에 베이스 리코더를 더하면 음의 울림이 풍부해져서 전체적으로 안정감이 생깁니다. 키(Key)를 사용하며 입과 손의 거리 때문에 파이프를 사용하기도 합니다.

## 🌲클라이네 소프라니노 리코더

대편성 곡을 연주할 때 가장 높은 음역을 담당하며 악기가 작아 세심한 연주 기법이 필요합니다. 또한 아주 작은 호흡량에도 음정의 변화가 생기므로 주의해야 합니다.

## 🌲 소프라니노 리코더

알토 리코더보다 한 옥타브 높은 악기입니다. 피콜로와 비슷한 음역이며 독주에도 가끔 사용됩니다.

## 🌲 그레이트 베이스 리코더

테너 리코더보다 한 옥타브 낮은 음역에 있으며 취구는 금속관(클루크)으로 연결되어 있습니다.

## 🌲 콘트라 베이스 리코더

대편성 곡을 연주하는데 있어 가장 낮은 음역을 담당하고 있으며 저음량이 풍부하여 전체 합주 시 안정감을 줍니다.

## ③ 연주 자세

### 🌲 선 자세

다리를 어깨 너비만큼 벌린 후 리코더를 잡고, 양 팔은 옆구리에 붙이지 않고 주먹이 들어갈만큼 벌립니다.

### 🌲 옆 모습

악보를 주시하며 곧은 자세로, 리코더를 너무 위로 올리거나 밑으로 내리지 않도록 주의합니다.

### 🌲 앉은 자세

등을 굽히지 않고 똑바로 세우고 엉덩이는 살짝 걸터 앉은 상태로 편안하게 호흡합니다.

## ④ 운지법

### 🌲 바로크식

바로크식은 뒷구멍 바로 위에 B라고 적혀 있으며, 5번 구멍이 4번 구멍보다 조금 큽니다. 고음역대에서는 바로크식 운지가 더 쉽고 편리합니다.

### 🌲 저먼식

저먼식은 뒷구멍 바로 위에 G라고 적혀 있으며, 이 악기는 바로크식과 다르게 5번 구멍이 4번 구멍보다 작습니다. 저음역대에서 저먼식 운지가 편리합니다.

## 🌲리코더 잡는 방법

리코더의 윗부분은 왼손, 아랫부분은 오른손으로 잡은 후 왼손부터 각 구멍에 맞게 하나씩
차례로 막습니다. 이 때, 왼손 엄지 손가락으로 리코더의 뒷부분을 막고 오른손 엄지 손가락
으로 리코더를 지탱해 줍니다.
구멍을 막을 때는 손가락 끝을 세우거나 힘을 주어 세게 막으려 하지말고 손가락 첫 마디의
가운데 도톰한 부분으로 살짝 막아줍니다.

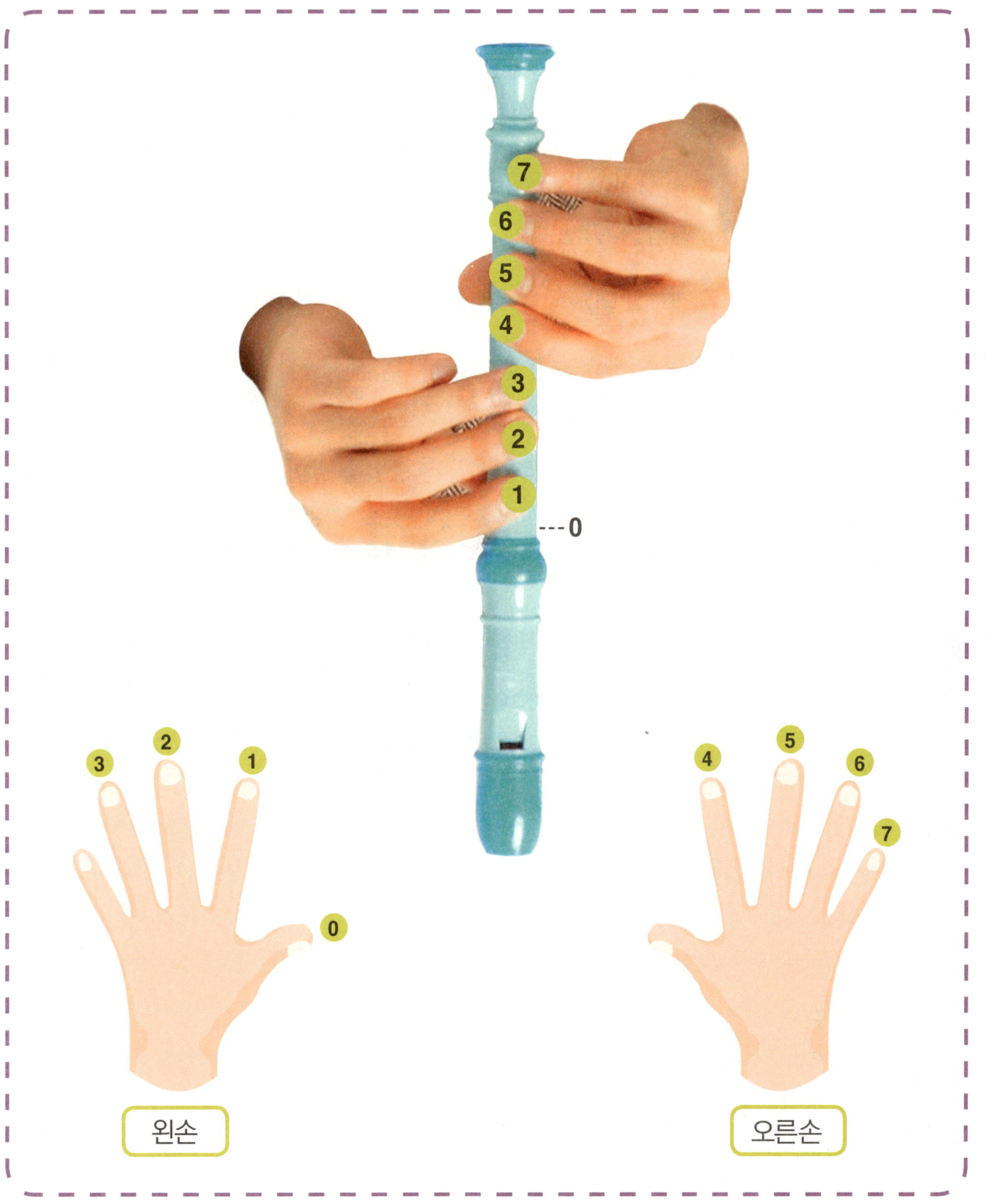

# 5 호흡법

노래를 부르거나 관악기를 연주할 때 안정된 소리를 내기 위해서 복식 호흡을 해야 합니다. 복식 호흡은 횡격막의 근육을 단련시켜 아래로 처지게 함으로써 폐에 더 많은 공기가 들어갈 수 있게 해 줍니다.

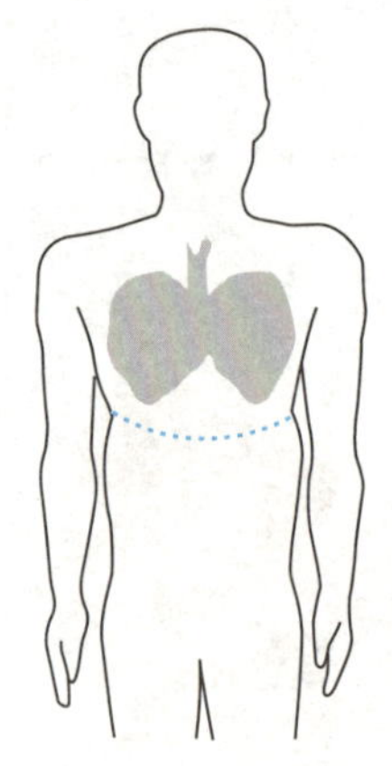

〈숨을 들이마실 때〉

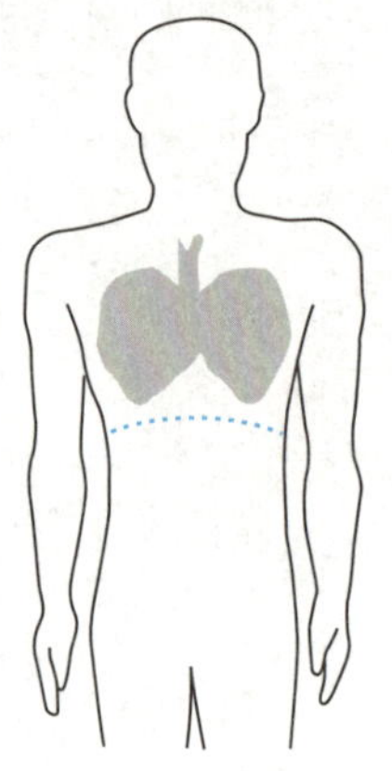

〈숨을 내쉴 때〉

# 6 텅잉

텅잉은 연주시 혀를 이용하여 숨을 불어 넣거나 끊는 방법을 말합니다. 혀끝을 윗니와 잇몸 사이에 대었다 떼었다 하면서 명료하게 연습하도록 합니다. 텅잉을 이해하기 어려운 어린 아이들의 경우 리코더를 입에 대고 침을 내뱉듯이 "투~" 하고 연습합니다.

# 7 아티큘레이션

각각의 음표를 음악적으로 표현하기 위해 작은 단위로 끊어서 연주하는 방법을 아티큘레이션이라고 합니다.

### 🌲 논 레가토
가장 기본적인 표현 방법으로 음표의 길이보다 약간 짧게 연주합니다.

### 🌲 스타카토
짧게 끊어서 그 음표의 반 길이를 연주합니다.

### 🌲 포르타토
다음 음이 나올 때까지 음을 충분하게 끌어줍니다.

### 🌲 레가토
첫음을 텅잉한 후 호흡을 멈추지 않고 다음 음을 부드럽게 연결합니다.

두 번째,
리코더 연주하기

# 시, 라, 솔 연습

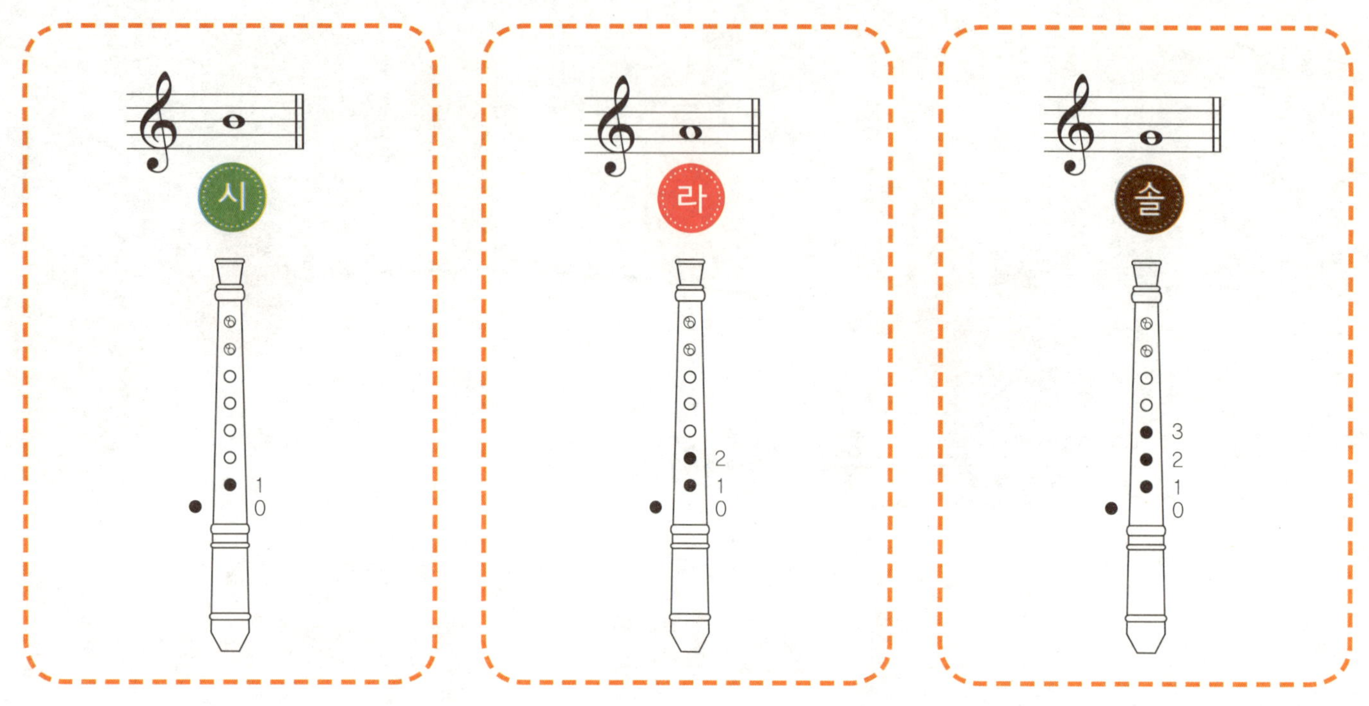

# 비행기

윤석중 작사
미국 민요

도
2
0

레
2

연습 1
연습 2
연습 3
연습 4

# 나비야

독일 민요

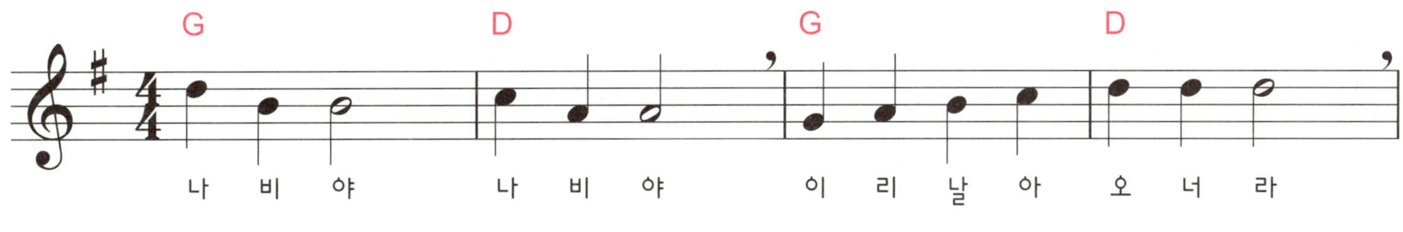

# 뻐꾸기

윤석중 작사
오스트리아 민요

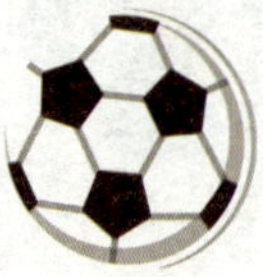

# 아침

박경종 작사
외국 곡

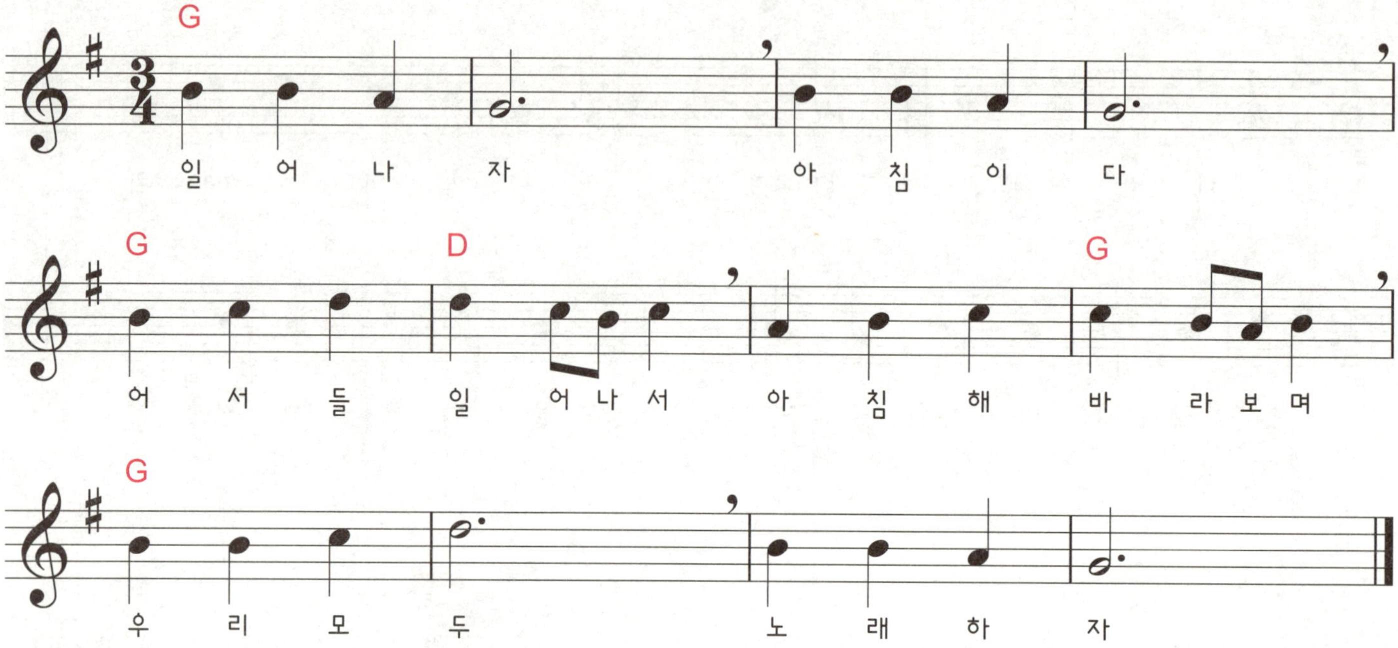

# 징글벨

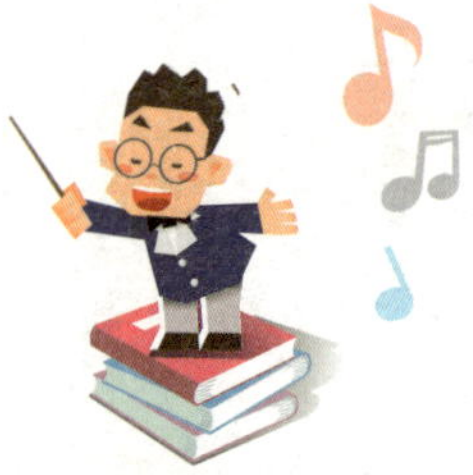

안병원 작사
피어폰트 작곡

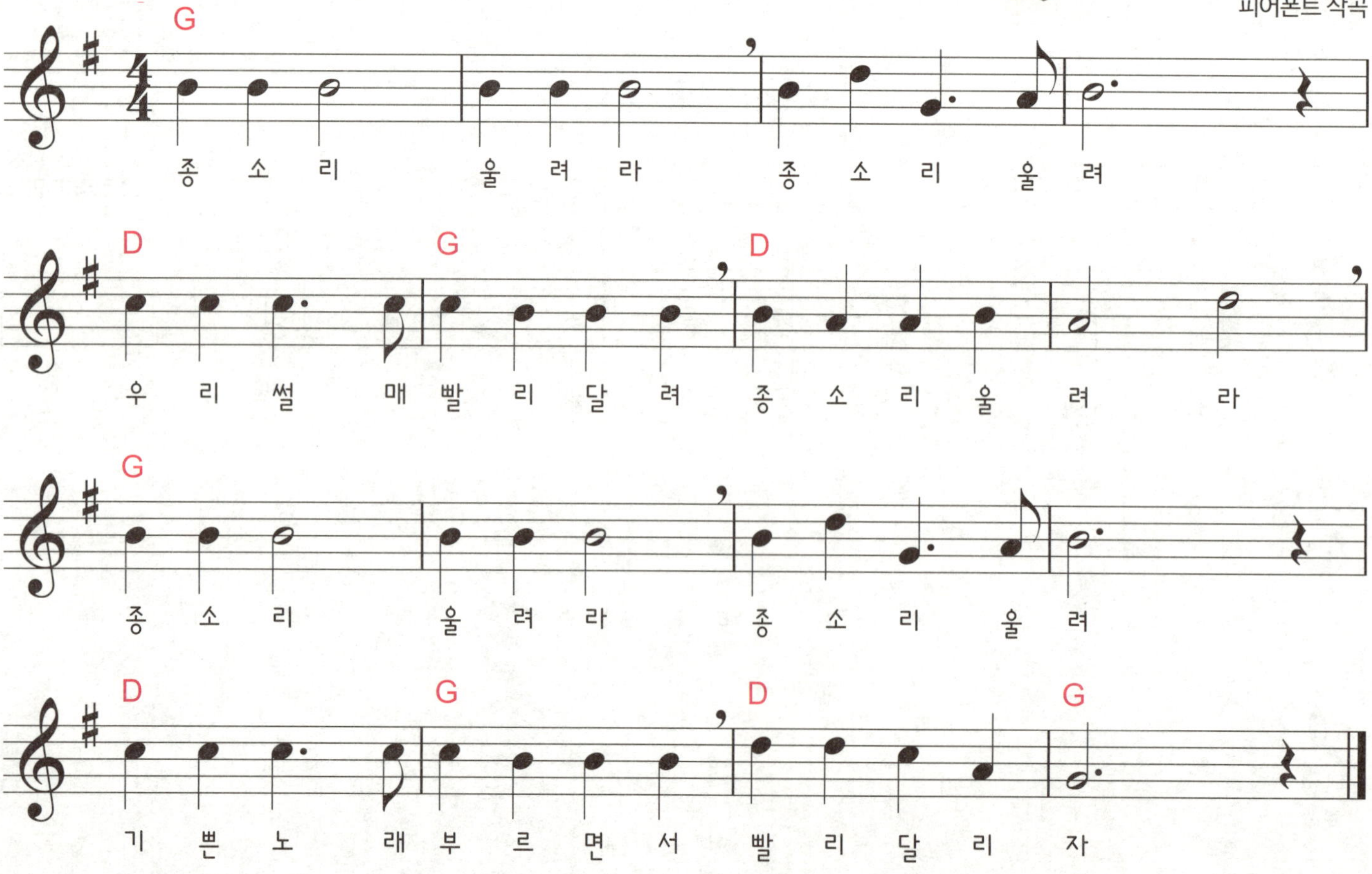

# 3 파, 미, 레, 도 연습

# 꼬마 벌

독일 민요

붕 붕 붕 아 기 꼬 마 벌
하 양 빨 강 노 란 색 꽃 엄 마 따 라 소 풍 간 다
붕 붕 붕 아 기 꼬 마 벌

# 학 교 종

김메리 작사
김메리 작곡

학 교 종 이 땡 땡 땡 어 서 모 이 자
선 생 님 이 우 리 를 기 다 리 신 다

# 허수아비 아저씨

김규환 작사
김규환 작곡

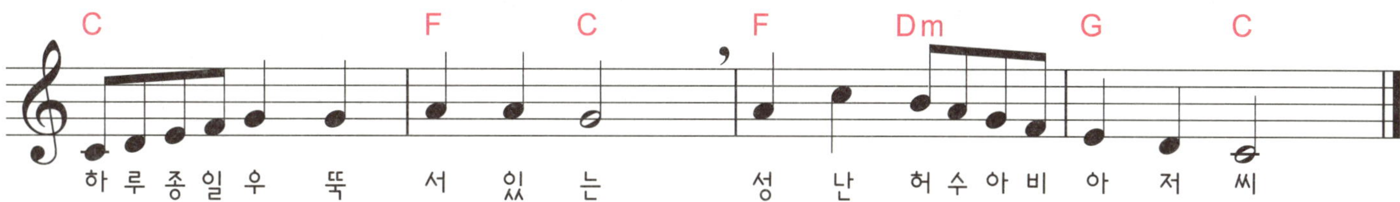


# 섬 집 아 기 

한인현 작사
이흥렬 작곡

# 4 위의 미, 파, 솔, 라 연습

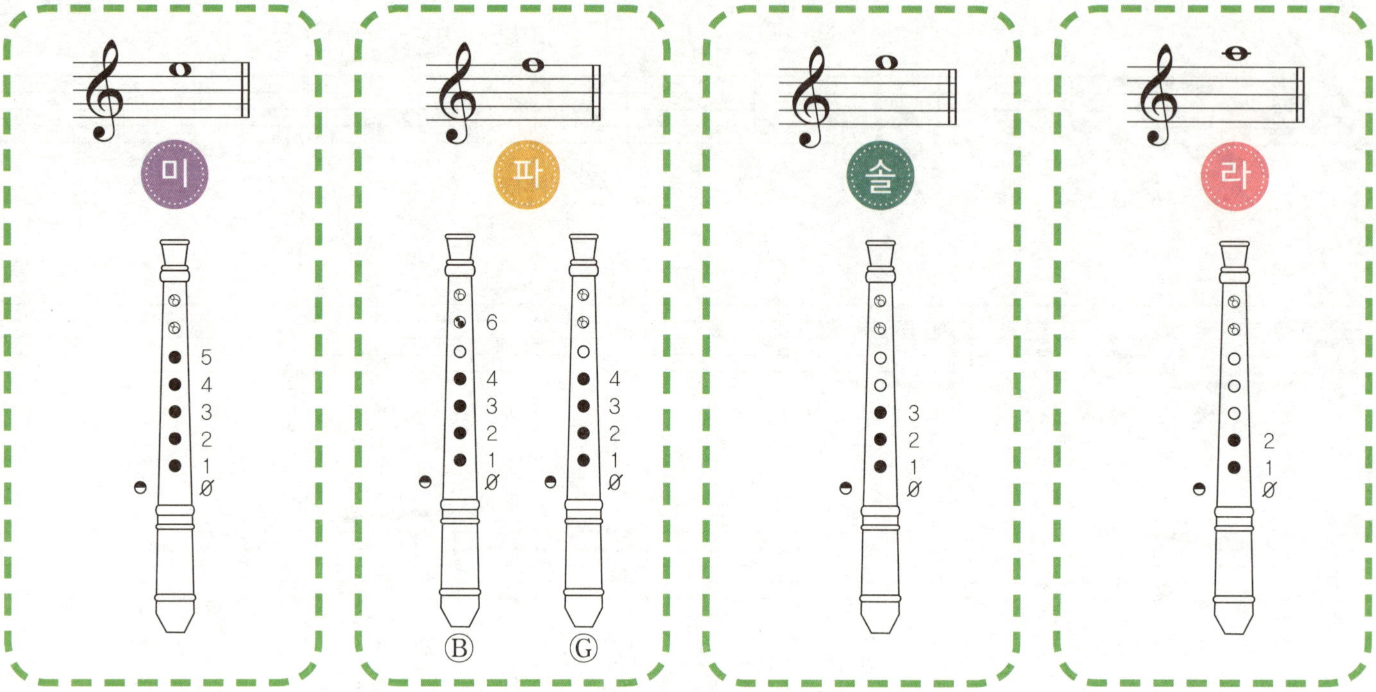

**연습 1**

**연습 2**

**연습 3**

**연습 4**

**연습 5**

# 작은 별

모차르트 작곡

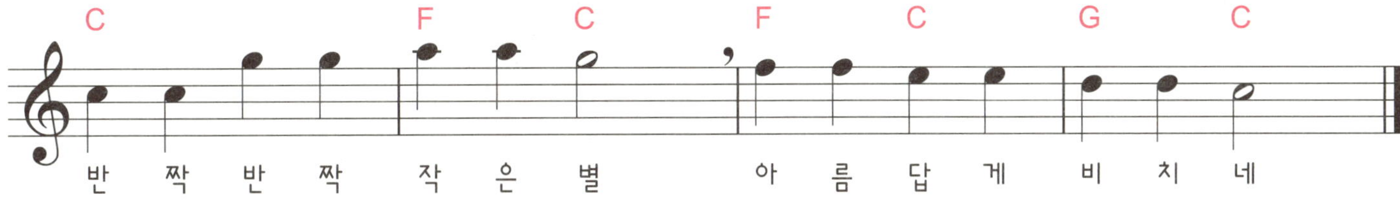

# 고향의 봄

이원수 작사
홍난파 작곡

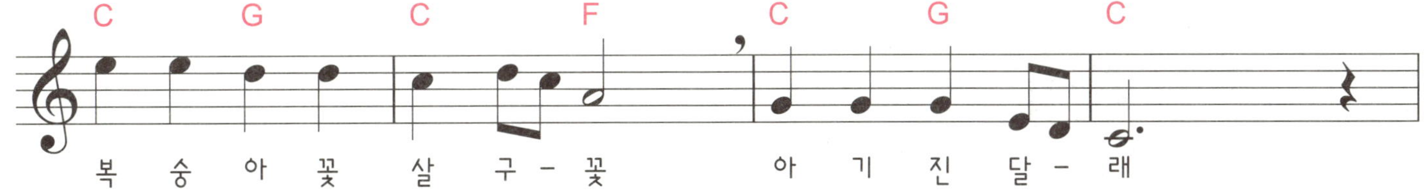

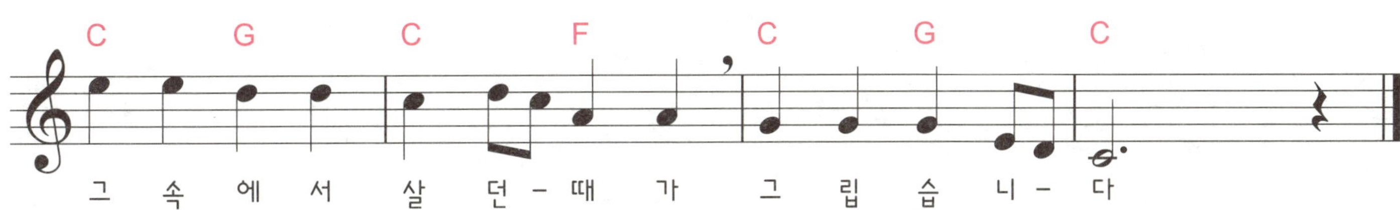

# 옹달샘

윤석중 작사
외국 곡
C       F       G       C
깊은 산 - 속 옹 달 샘 누 가 와 서 먹 나 요
C       F       G       C
맑고 맑 - 은 옹 달 샘 누 가 와 서 먹 나 요
C       F       G       C
새 벽 에 토 끼 가 눈 비 비 고 일 어 나
C       F       G       C
세 수 하 - 러 왔 다 가 물 만 먹 고 가 지 요

# 아기 자장가

# 5 조표와 임시표

♯, ♭, ♮ 등과 같이 음높이에 변화를 주는 기호를 변화표라고 합니다.

| 기호 | 이름 | 뜻 |
| --- | --- | --- |
| ♯ | 샤프(올림표) | 반음 올려서 연주합니다. |
| ♭ | 플랫(내림표) | 반음 내려서 연주합니다. |
| ♮ | 내추럴(제자리표) | ♯나 ♭에 의해 변화된 음을 본래의 음으로 되돌려 연주합니다. |

## 🌲조표

음악에서 악곡의 조를 나타내는 표입니다. 조표는 옥타브에 관계없이 곡 전체에서 음자리표 다음에 붙은 ♯나 ♭음을 모두 반음 올리거나 내려주어야 합니다.

## 🌲임시표

악곡에서 본래의 음을 임시로 반음 올리거나 내려 변화시킬 때 사용하는 기호입니다. 임시표는 그 마디 안에서만 효력이 있으며 같은 마디라 할지라도 옥타브가 높거나 낮은 음에서는 효력이 없습니다.

## 🌲딴이름 한소리

음의 이름은 다르지만 소리가 같은 음을 뜻하는 말입니다. 예를 들어 시♭과 라♯는 이름은 다르지만 같은 소리가 납니다.

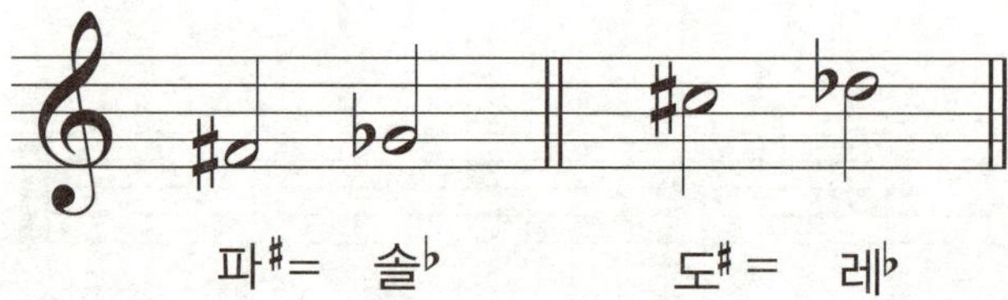

6 시♭(라#)연습

시♭과 라#는 계이름은 다르지만 같은 음입니다.
시♭  라#
6
4
3
1 0
← 악기에 따라 6번을 막기도 합니다.

연습 1
연습 2
연습 3
연습 4

# 바흐의 미뉴에트

바흐 작곡

# Stepping On The Rainy Street

# 멋쟁이 토마토

김영광 작사
김영광 작곡

# 7 파#(솔♭) 연습

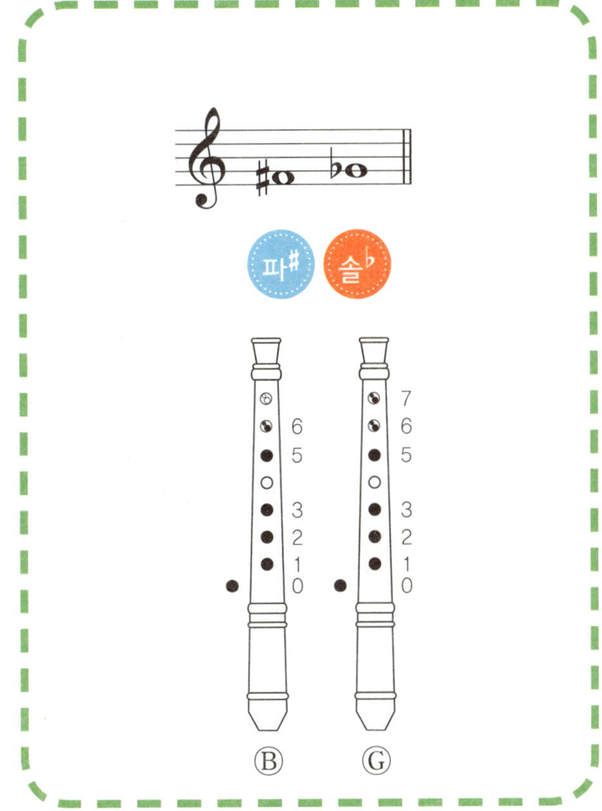

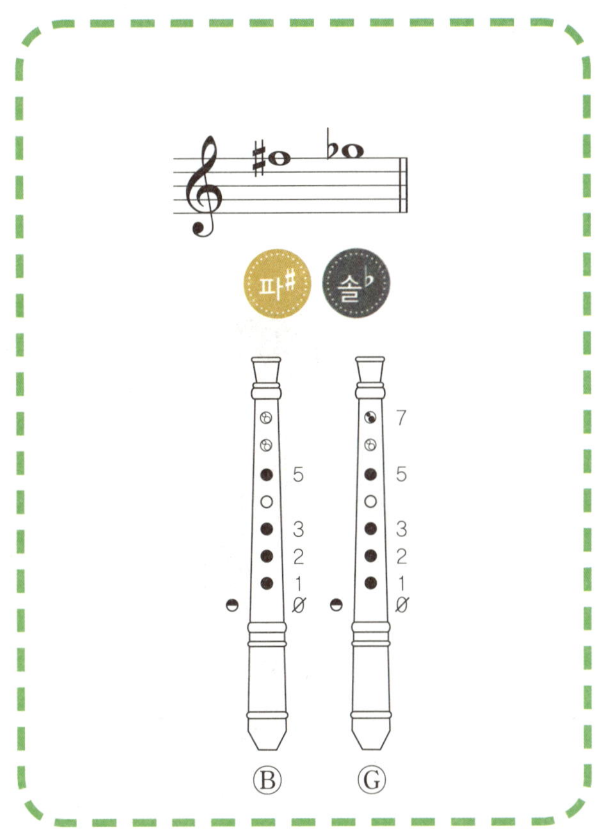

# 오라 리(Aura Lee)

# 하늘나라 동화

이강산 작사
이강산 작곡
G                    C      Am              D        D7
동 산 위 에      올 라 서 서      파 란 하 늘 바 라 보 며 ─
G        G7      C        D      D7      G
천 사 얼 굴      선 녀 얼 굴      마 음 속 에 그 려 봅 니 다 ─
C          G              Em              D        D7
하 늘 끝 까 지 올 라 ─      실 바 람 을 끌 어 안 고 ─      날개
G      B      Em              Am      D7      G
달 린 천 사 들 과 ─      속 삭 이 고 싶 어 라 ─

# 겨울 나무

이원수 작사
정세문 작곡

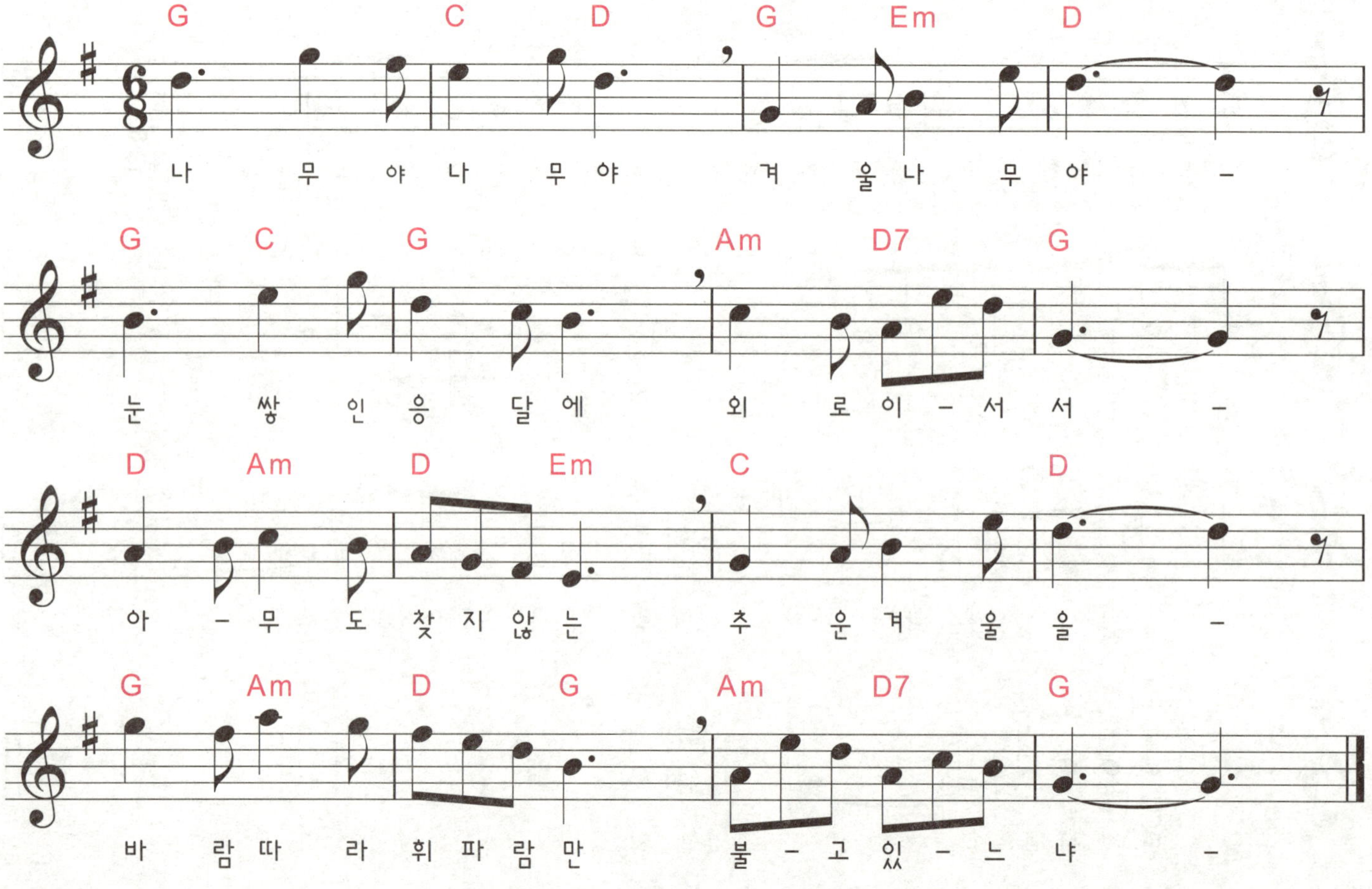

G · C · D · G · Em · D

나 무 야 나 무 야 겨 울 나 무 야 ―

G · C · G · Am · D7 · G

눈 쌓 인 응 달 에 외 로 이 서 서 ―

D · Am · D · Em · C · D

아 ― 무 도 찾 지 않 는 추 운 겨 울 을 ―

G · Am · D · G · Am · D7 · G

바 람 따 라 휘 파 람 만 불 ― 고 있 ― 느 냐 ―

# 뽀롱뽀롱 뽀로로

최종일 작사
박희준 작곡

노 는 게 제 일 좋 아  친 구 들 모 여 라
언 제 나 즐 거 워  개 구 쟁 이 뽀 로 로  눈 덮 인
숲 속 마 을  꼬 마 대 장 나 가 신 다  언 제 나 즐 거 워
오 늘 은 또 무 슨 일 이 생 길 까  뽀  로 로 를 불 러 봐 요 —  뽀 롱
뽀 롱 뽀 로 로  뽀 롱 뽀 롱 뽀 로 로  뽀 롱 뽀 롱 뽀 롱 뽀 롱 뽀 롱 뽀 롱 뽀  로
로 로  노 는 게 제 일 좋 아  친 구 들 모 여 라
언 제 나  즐 거 워  뽀 롱 뽀 롱 뽀 롱 뽀 롱 뽀 로 로!

# 8 솔#(라♭) 연습

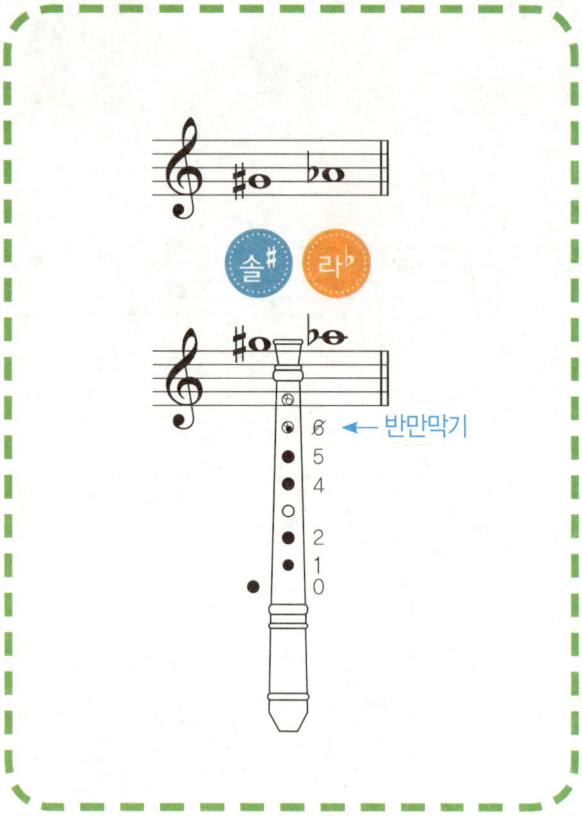

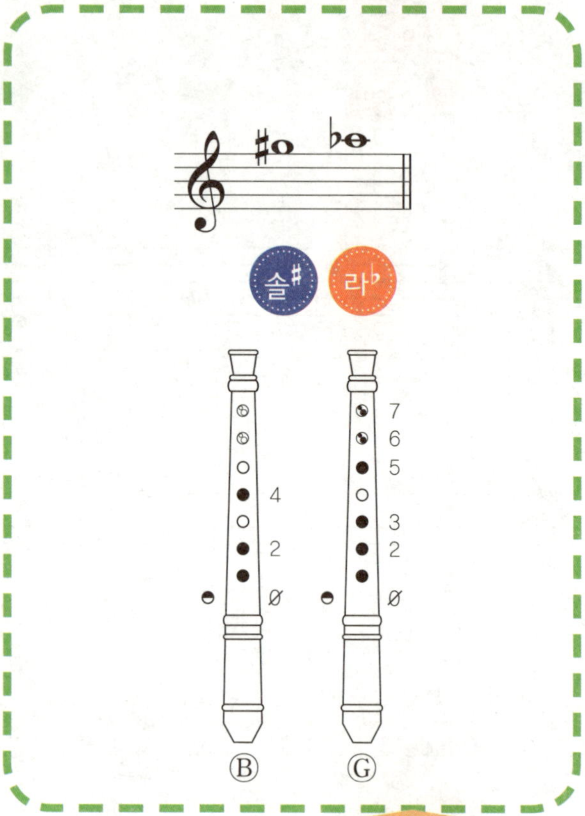

**연습**

# 올챙이와 개구리

윤현진 작사
윤현진 작곡

# 그린 슬리브스

# 문 리버


머서, 맨시니 작사
머서, 맨시니 작곡

# 숲 속을 걸어요

유종슬 작사
정연택 작곡

# What A Friend We Have In Jesus

모범 연주

# 생일 축하 노래

MR 반주

외국곡

F        C        C7        F
생 일 축 하 합니 다     생 일 축 하 합니 다     사 랑
F        Bb        F        C        F
하 는 친 구 의 생 일 축 하 합니 다     생 일
G        D        G
축 하 합니 다     생 일 축 하 합니 다     사 랑
G        C        G        D        G
하 는 동 생 의 생 일 축 하 합니 다

# 아빠 힘내세요

권연순 작사
한수성 작곡

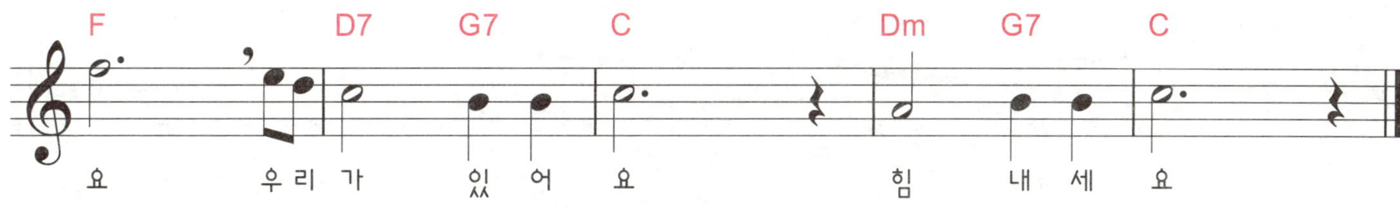

# 오빠 생각

최순애 작사
박태준 작곡
뜸 북 뜸 북 뜸 북 새  논 — 에 서 울 고 —
뻐 꾹 뻐 꾹 뻐 꾹 새  숲 에 서 — 울 제 —
우 리 오 빠 말 타 고  서 울 가 — 시 면 —
비 단 구 — 두 사 가 지 고  오 — 신 다 더 니 —

# 아기 다람쥐 또미

한예찬 작사
조원경 작곡

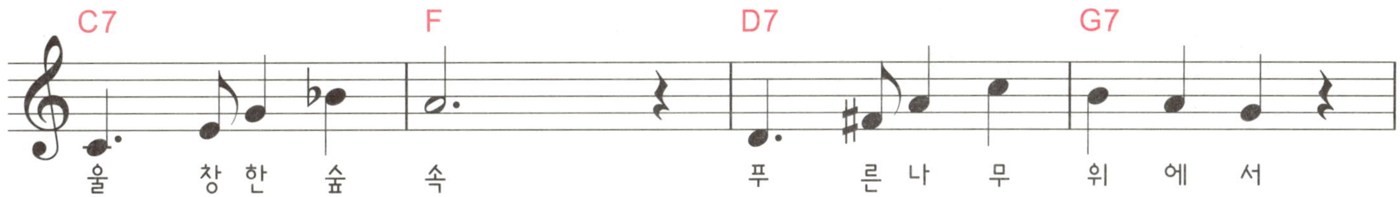

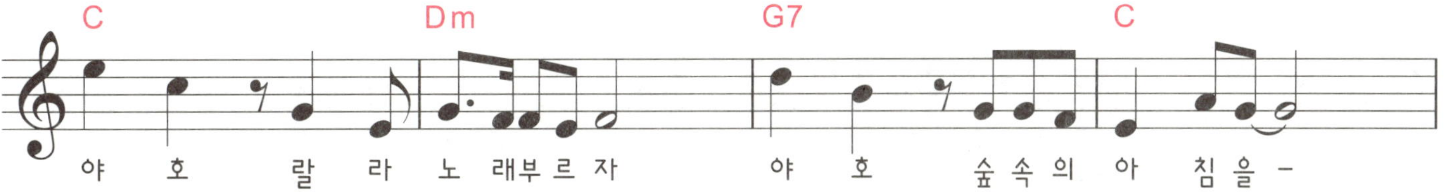

스승의 은혜

강소천 작사
권길상 작곡

F  B♭  F  C
스 승 의 은 혜 는 하 늘 같 아 서

F  B♭  C  F
우 러 러 볼 수 록 높 아 만 지 네

B♭  F  Gm  C
참 되 거 라 바 르 거 라 가 르 쳐 주 신

F  C7  F  B♭  C  F
스 승 은 마 음 의 어 버 이 시 다

F  C7
아 고 마 워 라 스 승 의 사 랑

F  B♭  C7  F
아 보 답 하 리 스 승 의 은 혜

# 아름다운 세상

낮은 시는 레로 바꿔서 연주하세요.
박학기 작사
박학기 작곡

F  G  Em7  Am  F  G  C  C7  F  G
라라 - 라라 - 라라 - 라라  라라 - 라라 - 라라 -  라라 - 라라 - 라

E7  Am  F  G  C  C  Em7  Am  F
라라라라  라라 - 라라 - 라라 -
문득외롭다느 - 낄 때 -
혼자선이룰수 - 없 죠 -

C  Em7  F  Dm  G7  Em  Am
하늘을봐 요 -  세상무엇 도 -
같은태양아래 - 있어요  우 린
마주잡은두손 - - 으로  사 랑

Dm  Dm7  G7  C  Em7  Am  F  C  Em7
- 하나 - 에요 -  - 을키 - 워요 -
마주치는눈빛 - 으 로 -  만들어가 요
함께있기에아 름 다 움 -  안개꽃처 럼

F  Dm  G7  Em  Am  Dm  G7  C  C7
나즈막히함께 - 불러요 -  사랑 - 의노 - 래를 -  작은
서로를곱게감 싸 - 줘요 -  모두 - 여기 - 모여 -  작은

F  G  Em7  Am  Dm7  G7  C  C7  F  G
- 가슴 - 가슴 - 마다  고운 - 사랑 - 모아 -  우리 - 함께 - 만

E7  Am  Dm7  G7
1.C
2.C
D.S. al Coda
들어가요 아름 - 다운 - 세상 -  - 작은 -

# 가을 우체국 앞에서

김현성 작사
김현성 작곡

시 도 레 레 미 피 솔 피 미 레 - 시 미 레 - 솔 솔 솔 미 피 미 레 도
시 도 레 레 미 피 솔 피 미 레 - 시 미 레 - 솔 솔 솔 미 피 솔 피 레
시 도 레 레 미 피 솔 피 미 레 - 시 미 레 도 시 라 솔 미 레 레
- 시 라 라 솔 라 솔 피 피 미 피 솔 레 레
미 시 라 시 도 레 라 솔 라 솔 라 시 피
솔 솔 레 솔 시 도 라 솔 -
솔 솔 레 솔 시 도 라 솔 -
D.S. al Coda

# 풍선

이두헌 작사<br>
김성호 작곡

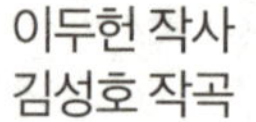

2.D7    Em    Bm    Em
솔 라 솔 시 시 라 솔    시 시 라 솔    미 시 라 시 라


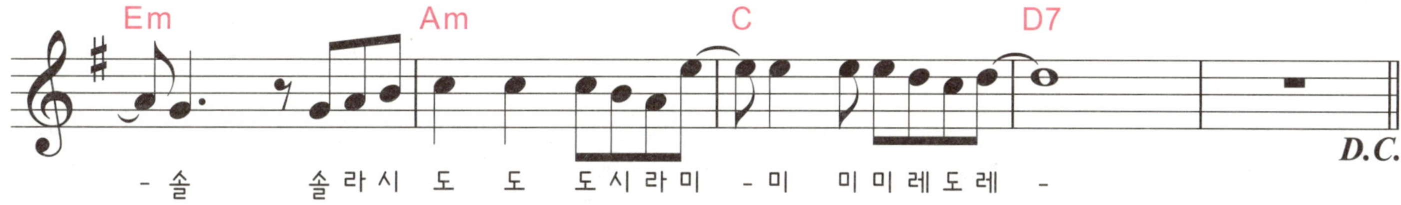

Em    Am    C    D7
D.C.
- 솔    솔 라 시 도  도  도 시 라 미 - 미  미 미 레 도 레 -


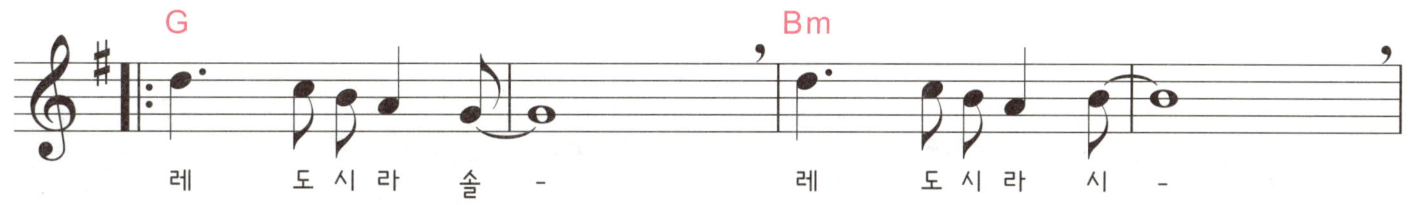

G    Bm
레    도 시 라 솔 -    레    도 시 라 시 -

Em7    Am7    C    D7
Fine
레    도 시 라 솔 -    솔 라 시 솔 도 시 라 솔 미  시 레

# 바람이 불어오는 곳

김광석 작사
김광석 작곡

# 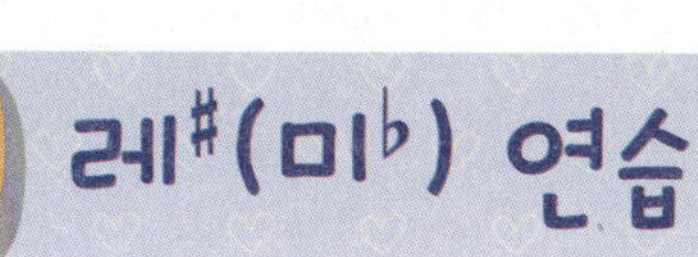 레♯(미♭) 연습

**연습**

# 등대지기

유경손 작사
영국 민요

도♯ (레♭) 연습


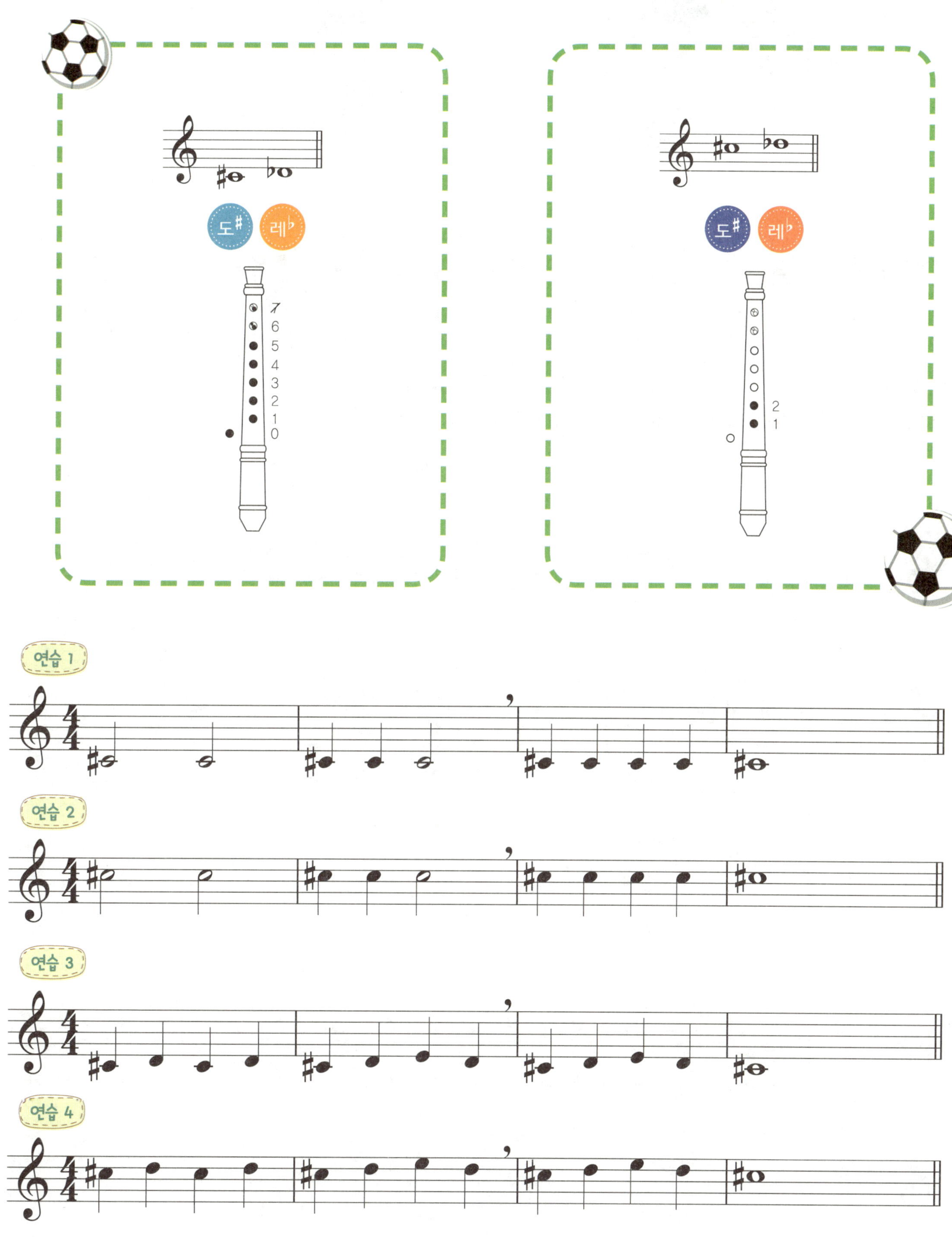

도♯
레♭
7 6 5 4 3 2 1 0
도♯
레♭
2 1
연습 1
연습 2
연습 3
연습 4

# 숫자송

조재윤 작사
김희빈 작곡
C
Am7
Dm7
1 초라도 안 보이-면 2 이렇게 초조한-데 3 삼초는
Dm7
G
G7
C
어 떻게-기 다 려- 이야이야이야이야 4 사 랑 해 널 사랑-해
Am7
Dm7
G
5 오 늘 은 말 할꺼-야 6 육 십 억 지 구에-서 널 만난-건
G7
D
Em
7 Luc-ky 야 사 랑해- 요기조기한눈팔지 말고 나 를봐-
A7
F#m
B7
Em
좋 아해- 나를향해웃는미소 매일매일-보여줘- 8 팔 딱팔-딱 뛰
Gm
F#m7
B7
Em7
A7
- 는가-슴9 구 해줘-오 내- 마음- 10 십 년이-가도너-를 사랑 해
D
B7
Em7
A
D
- - 언 제나-이맘변- 치 않을게-

# 겨울 아이

박원빈 작사
박장순 작곡
겨울에 태어난 아름다운당신은
눈처럼 깨끗한 나만의 당신
겨울에 태어난 사랑스런당신은
눈처럼 맑-은 나만의 당신
생일축하합니다- 생일축하합니다-
생일축하합니다- 생일축하합니다-

# Paris Paris

## 12 높은 시♭, 시, 도, 연습

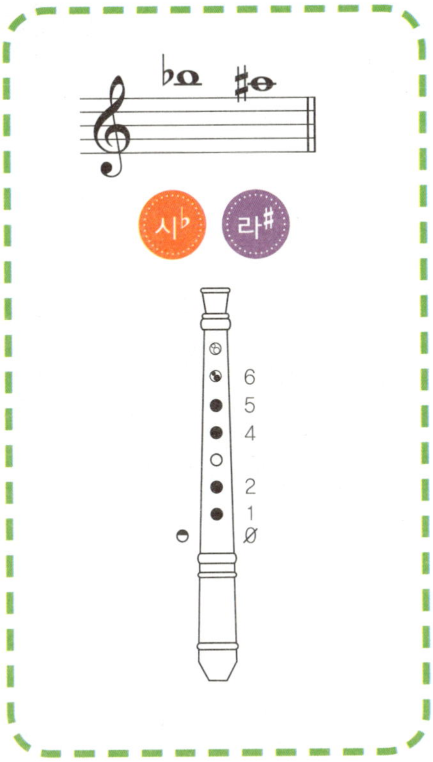

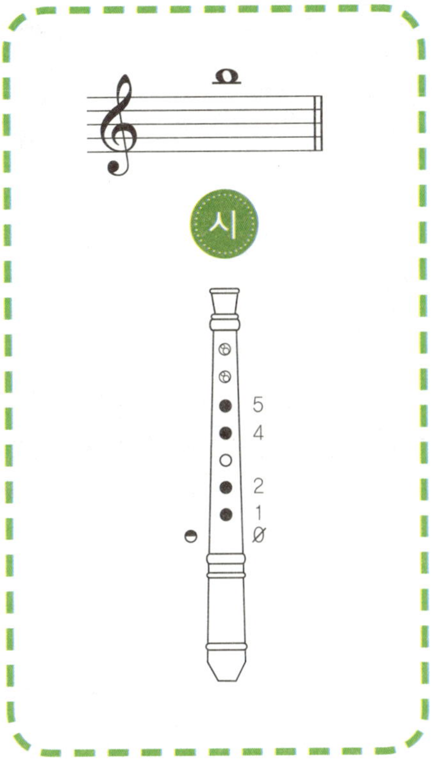

연습

# 학교 가는 길

김광민 작곡

BUS
STOP

G
Bm7
Em
C
A/C#
G/D
G/E
Am
A7
D7

G
Bm7
G
C

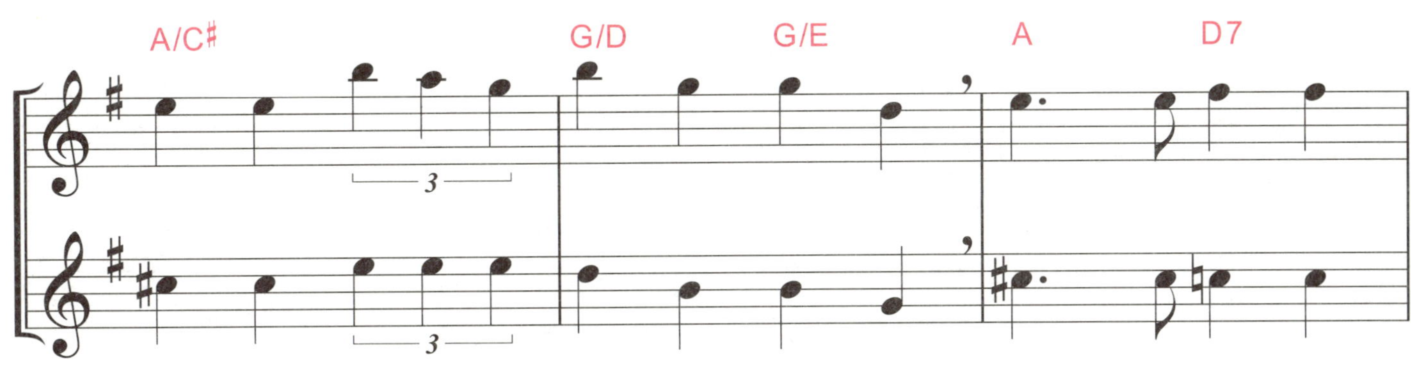
A/C#
G/D
G/E
A
D7

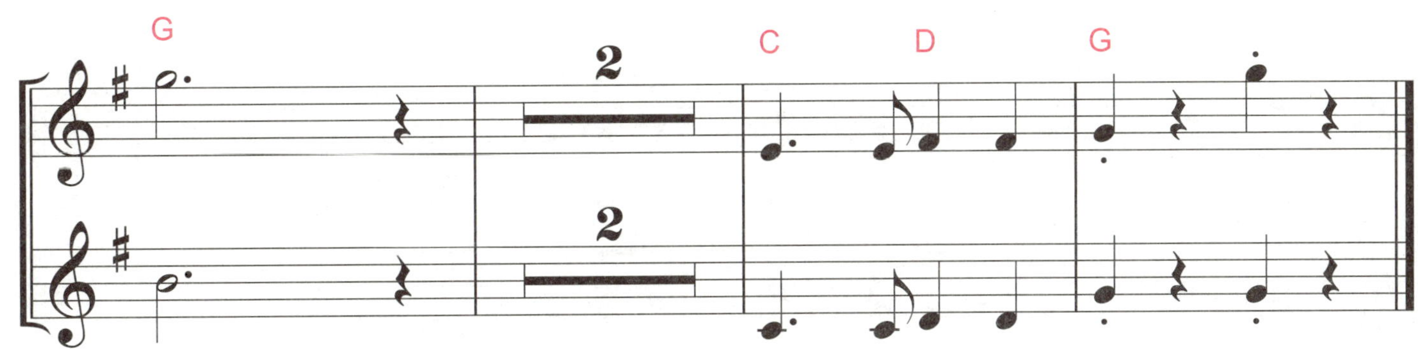
G
2
C
D
G
2

# 13. 2중주 · 3중주

## 파란 마음 하얀 마음

어효선 작사
한용희 작곡

# Heart And Soul

# 할아버지 시계

와그너 작곡

C   G7   C   F   C   G
길 고 커다란 마루 위 시계는 우리 할 아버지 시 -
아 버지의 커다란 시계는 무엇, 이 든지알 고 있

C   G7   C   F   C   G
계 구십년 전에할아버지 태어나던 날 아침 에 받은시 계란
지 예쁜새 색시가 - 들어 오던그날도 정답, 게 울리던 그시

C   Dm   G   C   Am
다 언제나 정답게 흔들 어주던시계 할아버 지의옛날 시
계 우리할 아버지 돌아 가신그날밤 종소, 리 울리며 그 쳤

G          C      G7      C        F       C       G
계        이 젠      더       가 질 않 네  가 지 를      않 않
네        이 젠      더       가 질 않 네  가 지 를      않 않

C
네        구 십 년  동 안 쉬 잖 고  똑 딱 똑 딱 할 아  버 지 와 함 께

C                    G7      C        F       C       G
똑 딱 똑 딱 이 젠      더       가 질 않 네  가 지 를      않

1. C                      2. C              F       G7      C
네        할 네

# 초록 바다

박경종 작사
이계석 작곡

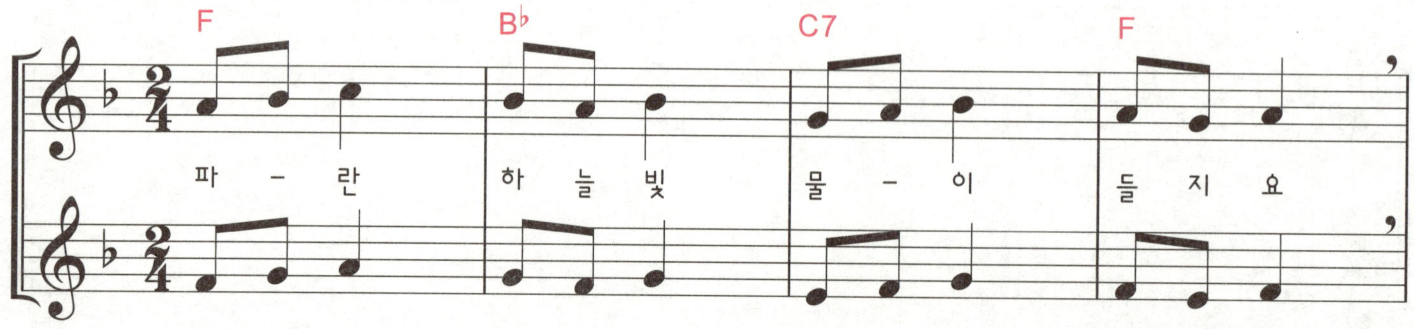

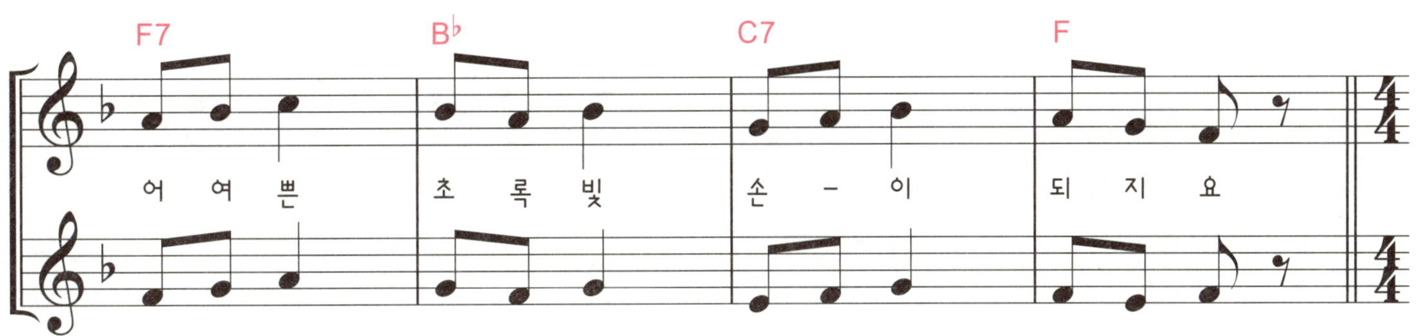

F7  B♭  C7  F
어 여쁜   초 록 빛   손 — 이   되 지 요


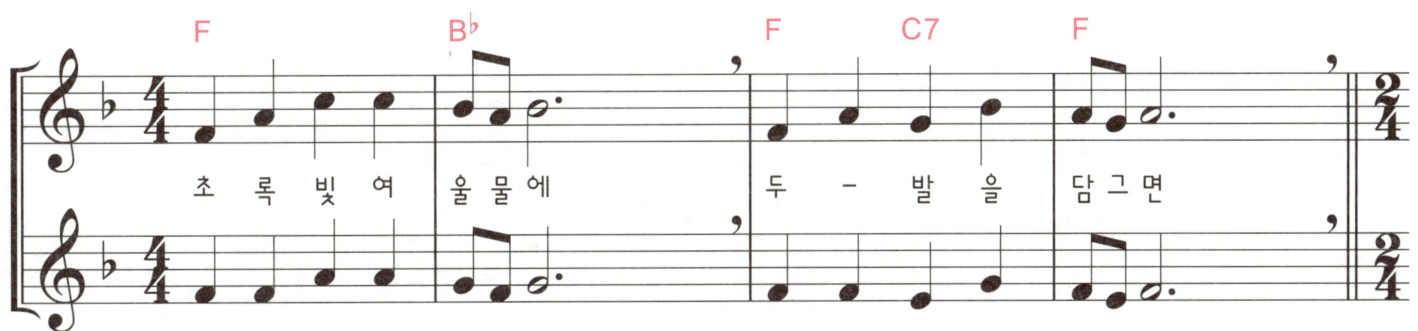

F  B♭  F  C7  F
초 록 빛 여   울 물 에   두 — 발 을   담 그 면


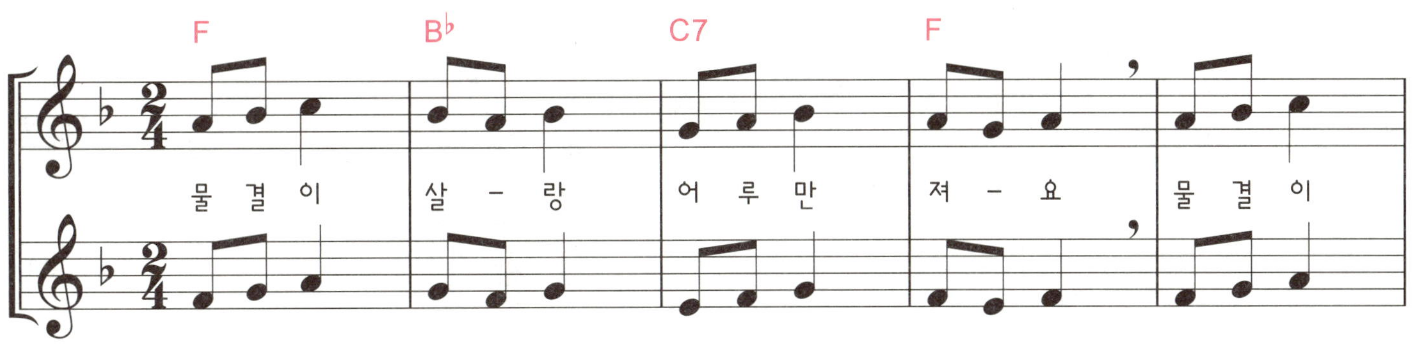

F  B♭  C7  F
물 결 이   살 — 랑   어 루 만   져 — 요   물 결 이

B♭  C7  F
살 — 랑   어 루 만   져   요 —

# 캐롤 메들리

그루버
크리스마스 캐롤
C
F  G7  C
고 요한밤 거 룩한밤 어 둠에 묻 힌밤
F  C  F  C
주 의부 -모 앉 -아서 감 사기 -도 드 -릴때
G7  C  G  C
아 기잘 -도 잔 다 아 -기잘 도잔 다 -
영국 캐롤
D7  G  C  A  D
we  wish  your merry christ mas  we  wish you-r merry christ mas  we
위  위시 유 어메리 크리스 마스 위  위시 유 어메리 크리스 마스 위

G  G7  C  D  C  D  G
wish your merry christ mas and a hap- py new year glad ti - dings we
위시 유 어 메 리 크리스 마스 앤드어 해 피 뉴 이어 글래드 타이 딩스 위

D  A7  D  G D Em Bm7
bring to you and your kin glad ti - dings- for - christ- mas and a
브링 투 유 앤드 유어 킨 글래드 타이 딩스 - 포 - 크리스 마스 앤드 어

Am7  D7  G  피어폰트  C
hap- py new year 흰 눈 사 이 로 썰 매 를 타 고
해 피 뉴 이어

Am  D  G
달 리 는 기 분 상 쾌 도 하 다 ― 종 이 울 리 고

G  C  D  G
장 단 맞 추 니 흥 겨 워 서 소 리 높 여 노 래 부 르 자

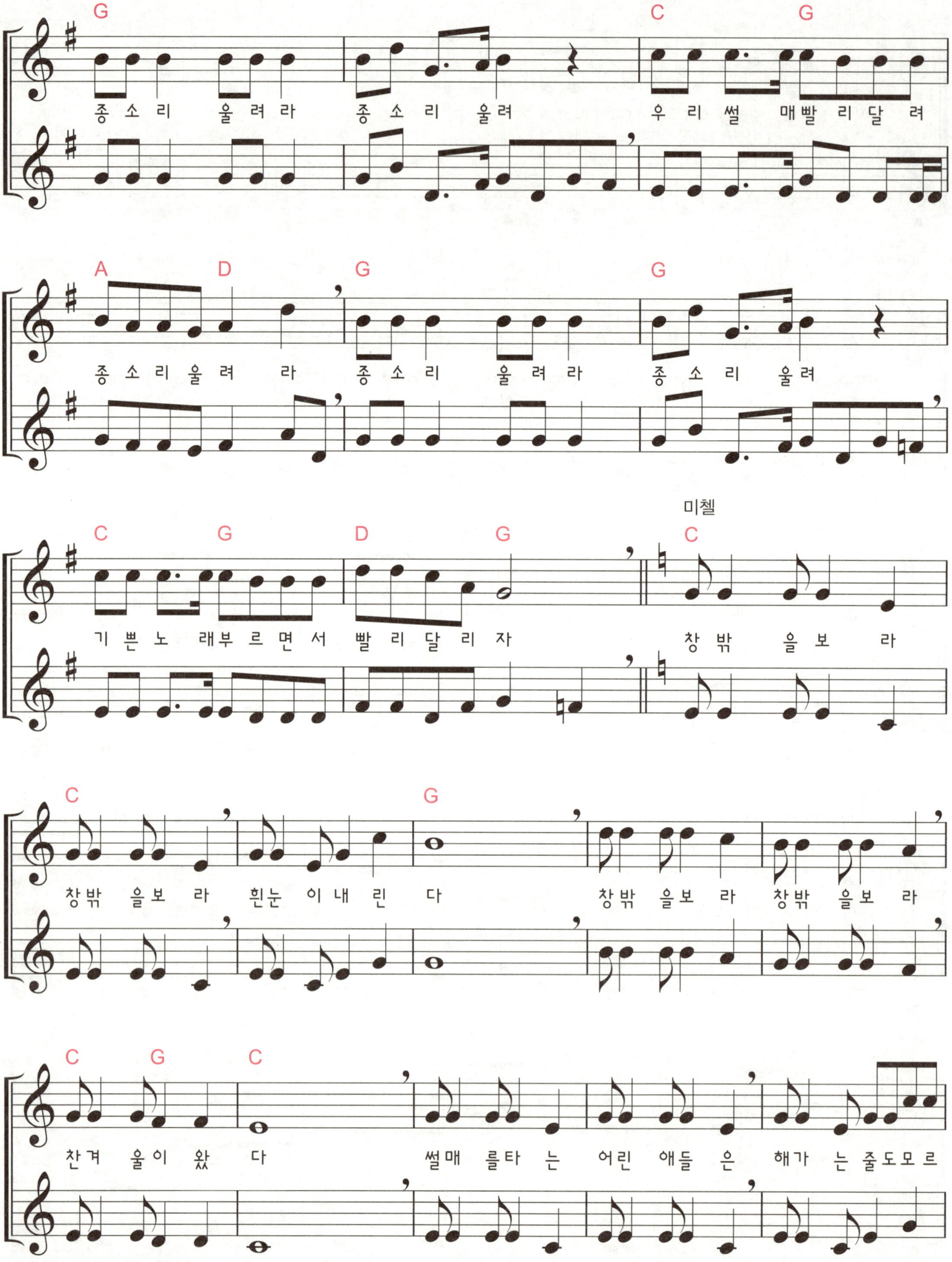
G C G
종소리 울려라 종소리 울려 우리 썰매 빨리 달려
A D G G
종소리 울려 라 종소리 울려라 종소리 울려
C G D G
기쁜 노래부르면서 빨리 달리자
미첼
C
창밖 을보 라
C G
창밖 을보 라 흰눈 이 내 린 다 창밖 을보 라 창밖 을보 라
C G C
찬겨 울이 왔 다 썰매 를타 는 어린 애들 은 해가 는 줄도모르

영국 캐롤

G          G7          3/4

고        눈길 위에 다  썰매 를깔 고 즐겁 게 달 린

C        G    F    C    F
다  저들 -밖에 한 밤 -중에 양-틈 -에

G7    C    G7   C         G    F
자 - 던 목 - 자 들   천 - 사 - 들 -이   전 하 - 여

C    F    C    G   C   G7   C
준  주 나 - 신 소 - 식 들 - 었네   노 - 엘 - 노 -

G    F    C    F    G7    C    G7   C
엘  노 - 엘 노 엘   이스 라 엘 왕 -이 나 -셨 네

# 위풍당당 행진곡



엘가 작곡

1. Am  D  G  G7
2. Dm7  G7  C  C7
F  G  Em  Am
F  G7  C

# 가브리엘 오보에

엔리오 모리꼬네 작곡

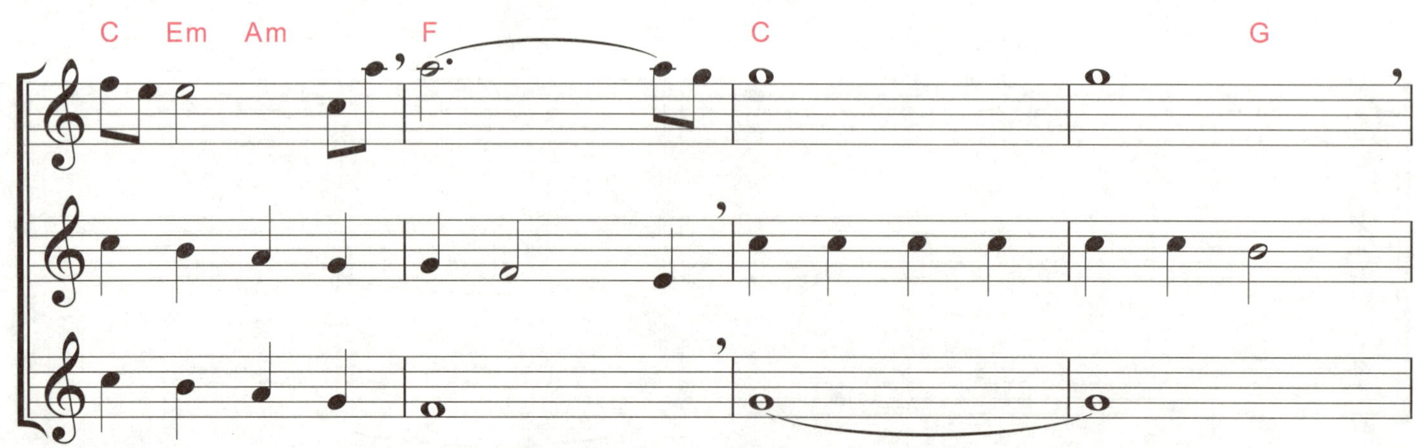

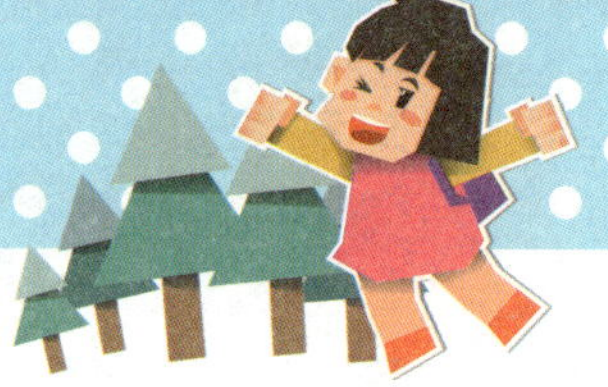

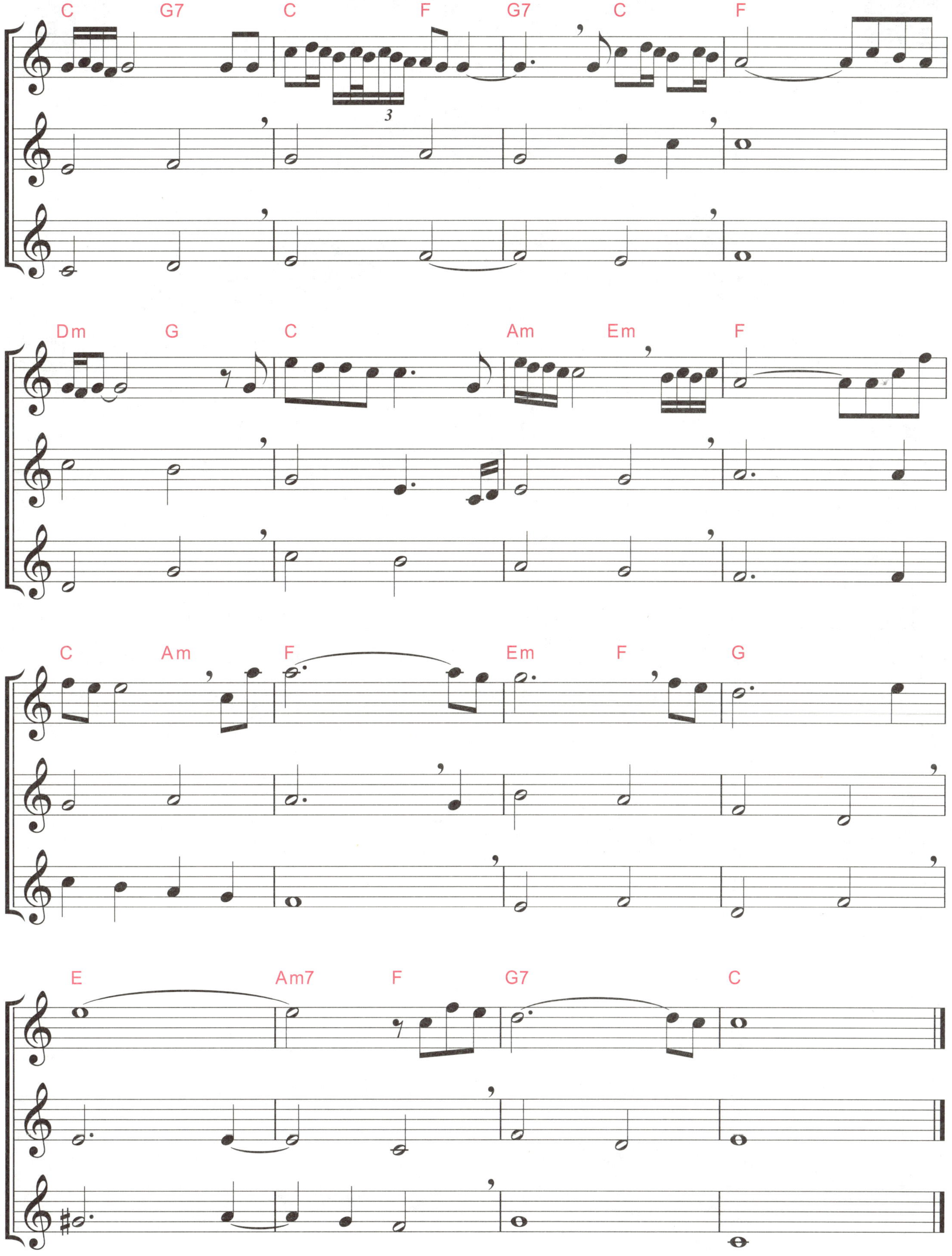
C G7 C F G7 C F
Dm G C Am Em F
C Am F Em F G
E Am7 F G7 C
3

모범 연주
MR 반주
꼭 안아줄래요
한경아 작사
윤학준 작곡
C G F Fm
꼭 안 아 줄 래 요 내 친 구 아 픈 마 음 을 내 -
C Am F G
가 속 상 할 때 누 군 가 그 랬 던 것 처 럼
C G F Fm
친 구 의 잘 못 은 따 뜻 한 용 서 로 안 아 주 고 친 구
C Am F G
의 실 - 수 도 이 해 로 안 아 줄 래 요 어 쩌
Am E/G# C/G F#m
다 생 긴 미 움 은 어 떡 할 까

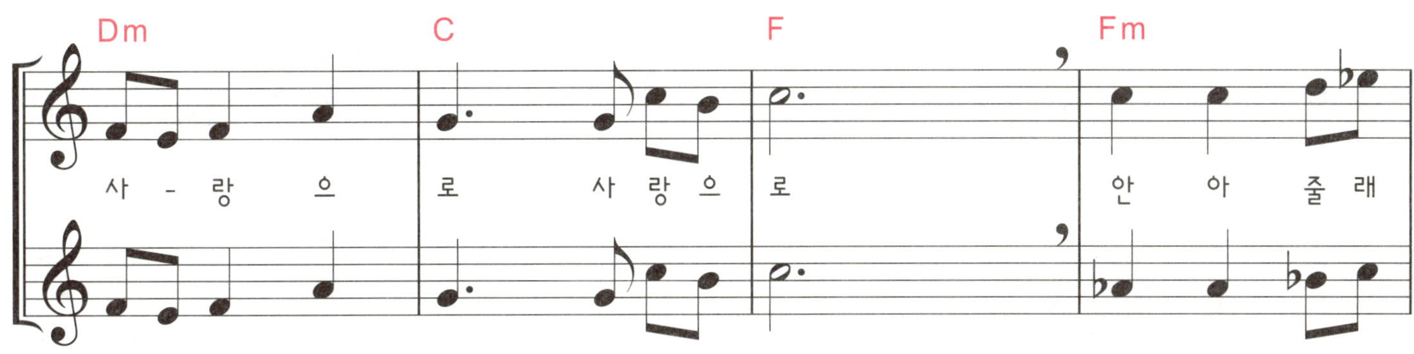

Dm          C          F          Fm
사 - 랑 으 로   사 랑 으 로        안 아 줄 래


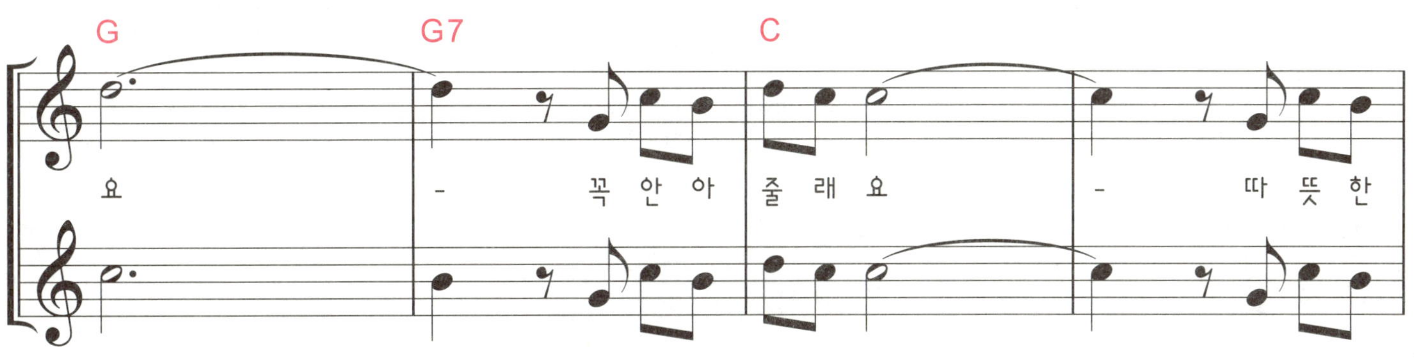

G          G7          C
요 -        꼭 안 아 줄 래 요 -        따 뜻 한


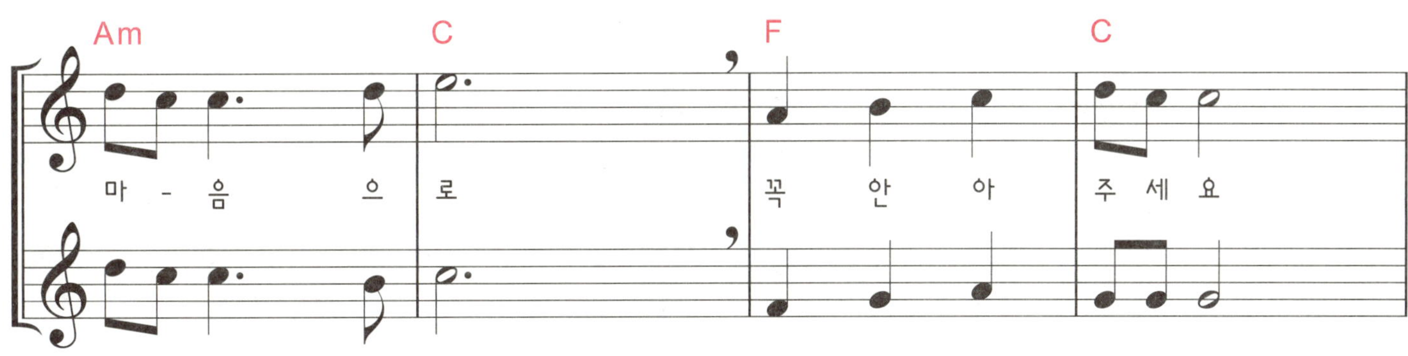

Am          C          F          C
마 - 음 으 로        꼭 안 아   주 세 요

Dm          G          C          Dm
포근한마음으로   행복꽃이활짝 -        우 리 들

C/E    Fm    C    Am
마음에 피어 나게    꼭 안   아 줄래요    내

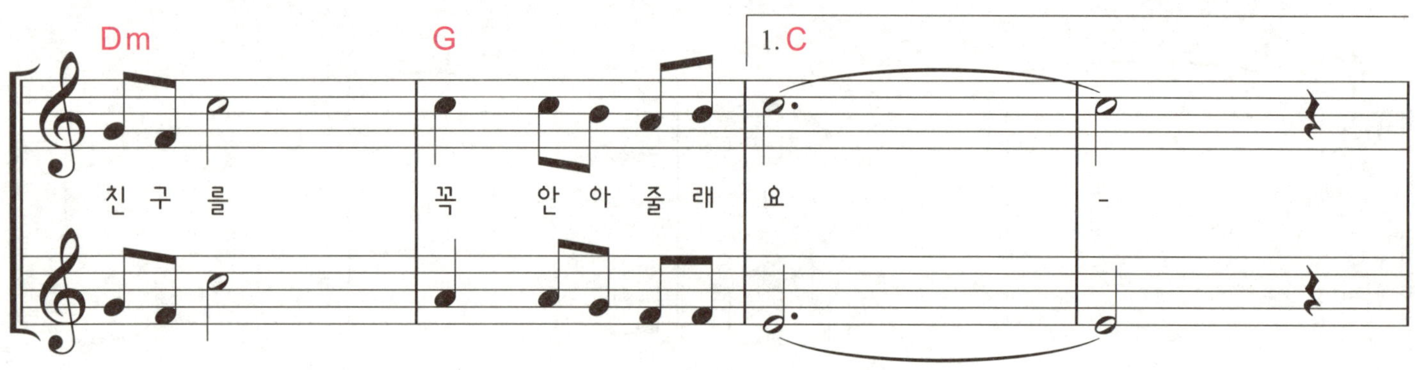
Dm    G    1. C
친구를    꼭 안아줄래    요

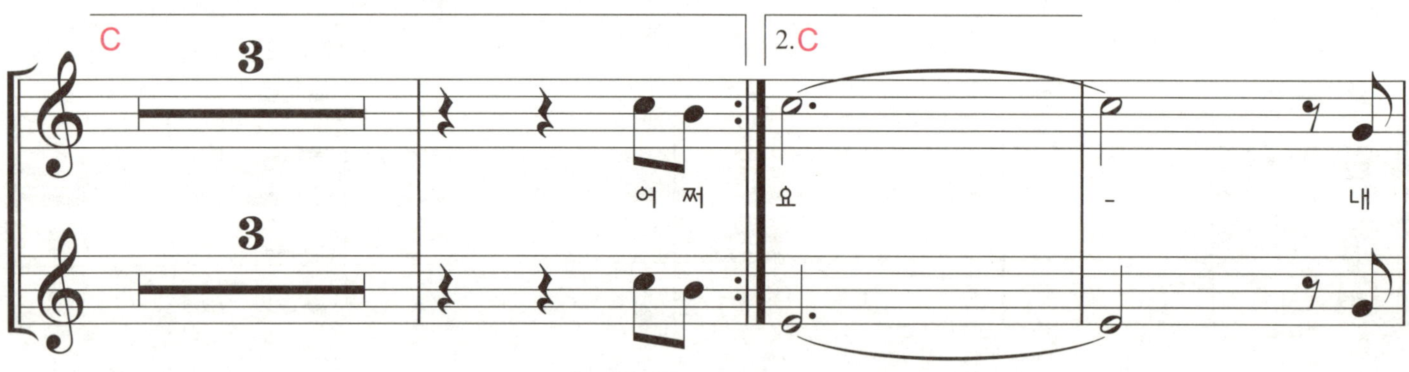
C    2. C
어쩌 요    내

Dm    F    C
친구를    꼭 안아줄래요

# 보고싶다

윤사라 작사
윤일상 작곡
아무리 기다려도 난 못가 바보 처럼- 울고 있는 - 너의곁 에
상처만 주는 나를 왜 모르고 기 다 리 -니 떠 나가- 란말 야보
고 싶다 보고 싶다 이런 내가미 워질- 만큼 - - - - - 울

B♭m  Am  D  Gm
고    싶다    내게무 릎끓 -고  모 두없-던 일이될 수
B♭  C7  F  B♭  Gdim  Am  Dm
있 다면  미 칠  듯사랑했던 기  억이  추 억  들-이 너를
Gm  C  F  D  B♭m  Gm  C7
찾 고-있지 -만    더 이상사랑이란 변  명에-너를가  둘수 없-

B♭   Am   Gm   C7
어 - - 이러면 안 -되지만- 죽을 만큼 보 고 -싶-다-
B♭   F   Gm   B♭   F
D.S. al Coda
-
보
Gm   C7   B♭   Gdim   F   Dm
죽을 만큼 보 고 - - 싶 - 다 - -
Gm7   C7   F   B♭   B♭m   F
죽 을 만 큼 믿 고 - - - 싶다 - - -

# 피아노 반주
## (발표회용)

1. 학교 가는 길
2. 위풍당당 행진곡
3. 가브리엘 오보에

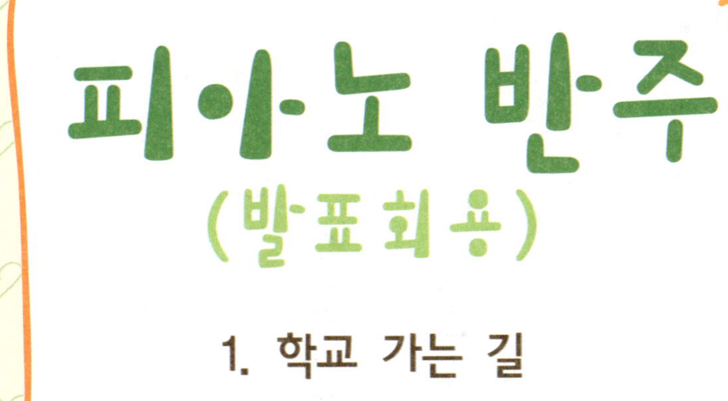

# 학교 가는 길

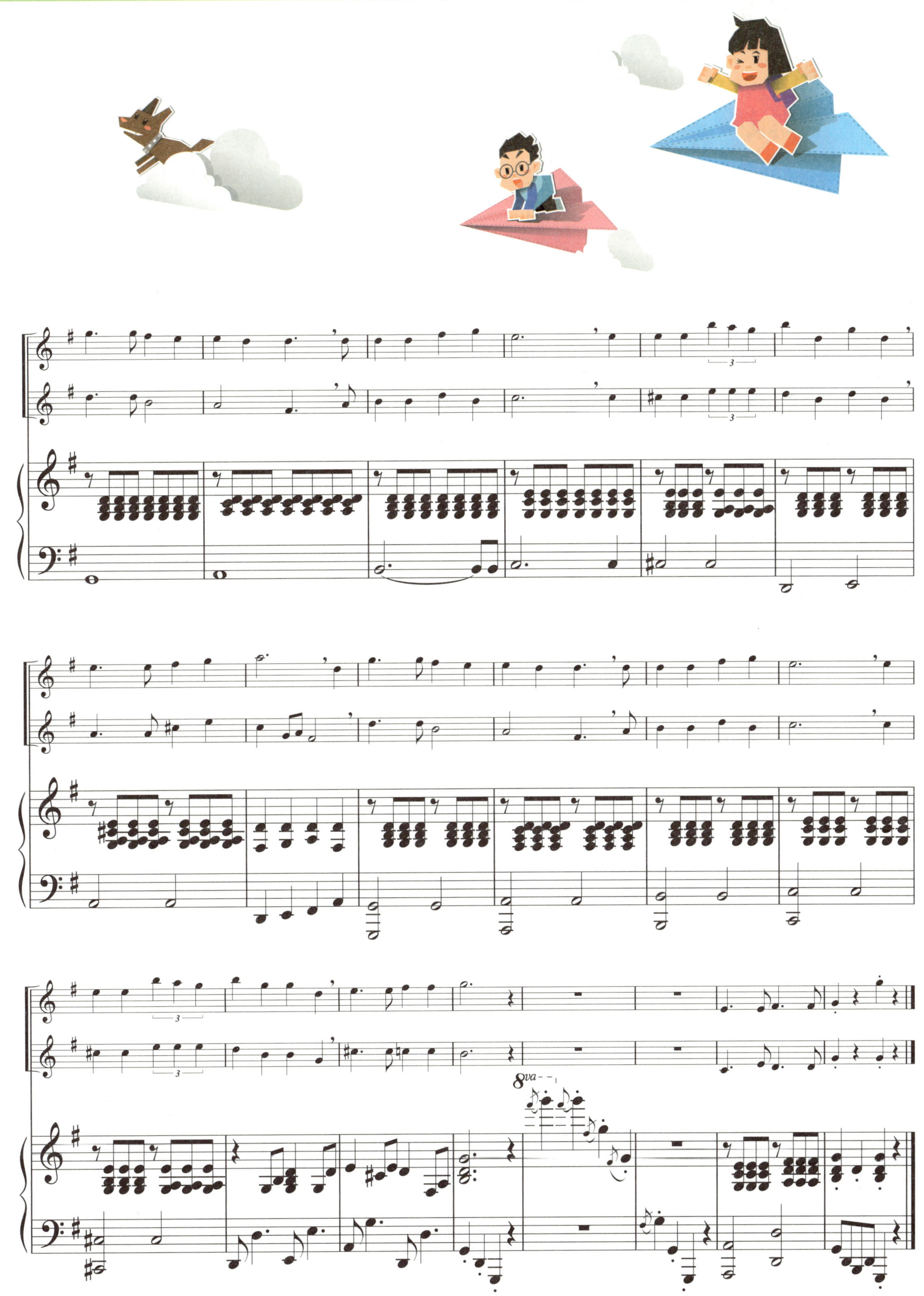

본문 70쪽
위풍당당 행진곡
엘가 작곡

# 가브리엘 오보에

엔니오 모리꼬네 작곡

**이효원**

러시아 야쿠티아 국립음악원 피아노 마스터클래스
이탈리아 루카 신포니아 음악학교 전문 연주자 과정 Diplom
숙명여대 대학원 음악치료학과 졸업

아마빌레 리코더 전문 강사
강화윈드 오케스트라 플루트 단원 & 강사
예인 청소년 오케스트라 단장
리코더, 오카리나, 칼림바, 우쿨렐레 초등학교 문화예술강사
플루트 & 바이올린 강서구 지역아동센터 강사

발행일  2025년 8월 25일
발행인  남  용
발행처  일신서적출판사
주  소  서울시 마포구 독막로 31길 7
등  록  1969년 9월 12일 (No. 10-70)
전  화  (02) 703-3001~5 (영업부)
        (02) 703-3006~8 (편집부)
F A X  (02) 703-3009
I S B N  978-89-366-2910-6  (93670)